Feminismus verstehen

Erfahren Sie übersichtlich und kompakt alles Wissenswerte über den Feminismus, seine Entstehung und die verschiedenen Ausprägungen

Lena Hafermann

INHALT

Das erwartet Sie in diesem Buch

MeToo-Bewegung, Gender-Pay-Gap, Manspreading, Catcalling – diese Begriffe hört man heutzutage immer öfter, und sie alle drehen sich um ein Thema: Feminismus. Feminismus betrifft uns alle und gerade aktuell ist ein fundiertes Grundwissen unerlässlich. In diesem Buch erfahren Sie, was all diese Begriffe bedeuten und inwiefern sie mit Feminismus zu tun haben. Doch was ist Feminismus eigentlich? Sind wir nicht längst alle gleichberechtigt? Grundsätzlich strebt

Feminismus nach gleichen Rechten und gleichen Chancen ungeachtet des Geschlechts. In Ländern wie Pakistan, Tschad oder dem Iran werden Frauen heute noch wie Menschen zweiter Klasse ohne Rechte behandelt. Viele werden zwangsverheiratet, dürfen nicht zur Schule oder arbeiten gehen und das Haus nur verschleiert und in Begleitung ihres Ehemannes verlassen.

In Deutschland ist die Situation zwar fortgeschrittener, doch die Unterdrückung der Frau ist noch gar nicht so lange her – bis 1919 durften Frauen nicht wählen, bis 1958 kein eigenes Konto eröffnen, sie mussten ihrem Mann gehorchen und noch bis 1977 waren Frauen gesetzlich zur Haushaltsführung verpflichtet. Seither hat sich einiges getan, laut Art. 3 des Grundgesetzes sind Männer und Frauen vor dem Gesetz gleich. In der Realität jedoch lassen sich immer noch Züge des Patriarchats erkennen:

Es herrscht eine ungleiche Bezahlung auf dem Arbeitsmarkt, Frauen übernehmen immer noch den Großteil des Haushalts, haben es schwerer im Beruf, da sie als unqualifizierter als männliche Kollegen wahrgenommen werden, ihnen wird weniger Respekt entgegengebracht, der weibliche Körper wird sexualisiert und Produkte wie Medikamente und Autos sind auf den männlichen Körper zugeschnitten. Zusätzlich erlebt jede dritte Frau sexuelle Gewalt, die kaum oder keine Konsequenzen mit sich zieht und die in 98 % aller Fälle von Männern begangen wird. Dies ist nur ein Bruchteil aller Bereiche, in denen Frauen benachteiligt werden. Feminismus zeigt all diese Ungleichbehandlungen auf und tritt ihnen entgegen.

Aber gibt es „den" einen Feminismus? In welchen Bereichen ist Feminismus nötig? Hilft der Feminismus auch Männern? Und was kann ich für den Feminismus tun? Diese Fragen werden Ihnen in diesem Buch beantwortet. Wenn Sie verstanden haben, wie Sexismus funktioniert, wie er sich äußert und wie Feminismus dagegen hilft, können auch Sie dazu beitragen, eine moderne Welt ohne Diskriminierung anhand des Geschlechts zu schaffen.

LENA HAFERMANN

Feminismus verstehen

WAS IST FEMINISMUS?

Zunächst müssen wir verstehen, was Feminismus eigentlich ist. Der Begriff tauchte zuerst im Jahr 1837 auf, als der französische Gesellschaftskritiker Charles Fourier das Wort „féminisme" für die Selbstbestimmung von Frauen gebrauchte.

Das deutsche Wort Feminismus findet darin seinen Ursprung und leitet sich vom lateinischen Wort femina ab, das Frau bedeutet. Im Duden wird es definiert als „Richtung der Frauenbewegung, die, von den Bedürfnissen der Frau ausgehend, eine grundlegende Veränderung der gesellschaftlichen Normen (beispielsweise der traditionellen Rollenverteilung) und der patriarchalischen Kultur anstrebt." Da dieser Begriff jedoch so vielfältig ist und sich im Laufe der Jahre ständig wandelt, gibt es nicht die eine richtige Definition. Die amerikanische Literaturwissenschaftlerin Bell Hooks bezeichnet Feminismus etwas politischer als „eine Bewegung, die Sexismus, sexistische Ausbeutung und Unterdrückung abschaffen will."

Die berühmte britische Schauspielerin und UN-Sonderbotschafterin Emma Watson erklärt: „Im Feminismus geht es darum, Frauen eine Wahl zu geben. Feminismus ist kein Stock, mit dem man andere Frauen schlagen kann. Es geht um Freiheit, um Befreiung und Selbstbestimmung. Wenn du für Gleichstellung bist, bist du Feminist*in." Und die nigerianische Schriftstellerin Chimamanda Ngozi Adichie nennt jede*n eine*n Feminist*in, der*die „an die soziale, politische und ökonomische Gleichheit der Geschlechter glaubt." Zumindest haben all diese Definitionen etwas gemeinsam: Feminismus strebt nach Freiheit, Selbstbestimmung, gleichen Rechten und gleichen Chancen ungeachtet des Geschlechts.

Er richtet sich gegen ein seit Jahrtausenden vorherrschendes patriarchales, sexistisches System, welches für die andauernde Unterdrückung und Benachteiligung von Frauen verantwortlich ist, denn im

Patriarchat sind die Frauen den Männern untergeordnet und müssen sich nach ihren Entscheidungen richten. Solche kulturellen Auffassungen werden vom Feminismus kritisiert. Jedoch will der Feminismus nicht Frauen an die Macht bringen und dabei Männer unterdrücken; diese Gesellschaftsordnung nennt man Matriarchat. Feminismus hat auch nichts mit Männerhass zu tun; die Bezeichnung für diesen ist Misandrie. Es wird lediglich den dominanten patriarchalen Normen widersprochen. Schließlich soll eine gerechte Gesellschaft für alle geschaffen werden, in der kein Geschlecht benachteiligt oder bevorzugt wird.

GIBT ES „DEN" FEMINISMUS?

Wie wir bereits festgestellt haben, ist Feminismus vielfältig. Es wird je nach Strömung ein unterschiedliches Verständnis von Geschlecht, Gesellschaft und von Ungleichheit vertreten. Daher gibt es unterschiedliche Strömungen, von denen ich Ihnen einige im Folgenden kurz vorstellen möchte.

Der liberale Feminismus setzt sich ein für die geschlechtsunabhängige Gleichheit. Jede*r soll sich selbstbestimmt entsprechend den eigenen Talenten und Ideen frei entfalten können, ohne wegen des

Geschlechts, der Herkunft oder der Sexualität daran gehindert zu werden. Klischees sollen durchbrochen werden, sodass Frauen nicht mehr in die Rolle der Hausfrau und Männer nicht mehr in die Rolle des Alleinverdieners gedrängt werden, und die Chancengleichheit steht im Mittelpunkt. Jede*r soll sich individuell ausleben können.

Der differenzierende Feminismus hebt die Verschiedenheit der Geschlechter hervor. Diese wird aus den biologischen und den aufgrund der Kultur und Gesellschaft entstandenen Unterschieden zwischen den Geschlechtern hergeleitet. Die Vertreter*innen argumentieren, dass Frauen als potenzielle Mütter generell einfühlsamer, hilfsbereiter und sozialer als Männer seien, sodass sie mehr in wichtige Bereiche wie die Weltpolitik und Wirtschaft eingebracht werden müssen. Es soll sich weniger an männlichen Maßstäben orientiert und gleichzeitig typisch weibliche Eigenschaften gefördert werden, um ein friedliches Zusammenleben weltweit zu ermöglichen.

Der konservative Feminismus ähnelt der Strömung des differenzierenden Feminismus dahin gehend, dass die Geschlechterdifferenz betont wird. Frauen sollen dennoch nicht nur Hausfrau und Mutter sein müssen, sondern gleiche Chancen auch im

Berufsleben, in der Wirtschaft und der Politik haben. Die Vertreter*innen begründen dies mit den weiblichen Fähigkeiten, die erhebliche Vorteile bieten können. Traditionelle Werte sollen erhalten bleiben.

Der sozialistische Feminismus hebt die Gleichheit der Geschlechter hervor. Er sieht den Kapitalismus und das Patriarchat als Ursache für die strukturelle Diskriminierung an und will die Rolle der Frau in der Gesellschaft stärken, um das kapitalistische System zu überwinden. Schließlich gehen meist Frauen der unbezahlten Care-Arbeit beziehungsweise der Reproduktionsarbeit in Form von Versorgung der Menschen nach.

Der ökologische Feminismus missbilligt die Zusammenhänge zwischen der Ausbeutung der Natur und der Unterdrückung der Frauen. Immerhin gibt es Ähnlichkeiten zwischen der Reproduktionsfähigkeit der Natur und der von Frauen und bei der Umweltzerstörung sind insbesondere Frauen als Mütter und häufig Bäuerinnen in der Dritten Welt betroffen. Daher müssen feministische Theorien eine ökologische Betrachtungsweise einbeziehen, während die Lösung von Umweltproblemen eine feministische Perspektive beinhalten soll.

Der radikale Feminismus fordert eine Revolution zur Überwindung des Patriarchats, da Männer seit

Ewigkeiten auf allen Ebenen kontrollieren und unterdrücken. Daher sollen laut dessen Vertreter*innen nicht bloß die männlichen Privilegien, sondern gleich alle Geschlechterunterschiede beseitigt werden. Die bloße Frauenförderung reiche nicht aus.

Der Queerfeminismus stellt sich gegen das komplette System, das einen in Geschlechter einteilt. Er begreift das Geschlecht als etwas, das einem von der Gesellschaft zugeteilt wird, und nicht als etwas biologisch oder psychologisch Vorbestimmtes. Er setzt sich für alle ein, die auf irgendeine Art und Weise diskriminiert werden, wie zum Beispiel auch transgeschlechtliche, dunkelhäutige, lesbische oder arme Frauen. Als Ziel hat er die Auflösung der Geschlechtlichkeit, um die Diskriminierung zu bewältigen.

ZIELE DES FEMINISMUS

Anhand der verschiedenen feministischen Strömungen sehen Sie, dass es keine einheitlich formulierten Ziele gibt. Schließlich widersprechen sich einige Strömungen auch. Sie alle fordern zumindest die Gleichberechtigung, Selbstbestimmung, Freiheit und Chancengleichheit unabhängig vom Geschlecht, und setzen sich gegen Diskriminierung ein. Dabei stehen die

Anerkennung und Achtung der Menschenwürde von Frauen im Vordergrund. Gewalttaten gegen Frauen sollen nicht toleriert werden, nur weil sie als das vermeintlich schwache Geschlecht gelten. Das Verhalten von Frauen soll nicht anders bewertet werden als das von Männern, nur weil sie Frauen sind. Frauen soll der gleiche Respekt entgegengebracht werden wie Männern.

Es sollen klischeehafte Rollenbilder durchbrochen werden, um gegen die unterschiedliche Behandlung von Geschlechtern vorzugehen. So sollen Frauen sich nicht nur als Mutter und Hausfrau begreifen, sondern sich wie Männer im Beruf ausleben können. Männer sollen gleichzeitig ebenfalls als Hausmann und Vater akzeptiert werden, ohne stigmatisiert zu werden. Frauen sollen ebenso leicht an die Macht kommen können wie Männer, um ebenfalls die Gesellschaft beeinflussen zu können.

Die Sexualität soll frei ausgelebt werden können. Grundsätzlich soll niemand nur wegen seines Geschlechts in irgendeinem Bereich benachteiligt werden. Schließlich können auch Männer benachteiligt werden, was vom Feminismus auch berücksichtigt wird. Letztendlich soll eine gerechte Gesellschaft für alle erreicht werden.

DIE GESCHICHTE DES FEMINISMUS

Anfänge

Feminismus und die herrschenden Ansichten dazu wandeln sich ständig. Je nach Epoche, Gesellschaft und kulturellem Milieu werden unterschiedliche Forderungen gestellt. Die Anfänge des Feminismus in Deutschland begannen Ende des 18. Jahrhunderts während der Französischen Revolution, als Männer aus niedrigen Ständen für politische und soziale Rechte kämpften. Es wurden Verfassungen mit Grundrechtskatalogen verabschiedet, die jedoch Frauen nur beschränkt zustanden. Gutbürgerliche Frauen nahmen dies zum Anlass, sich ebenfalls Rechte zu erkämpfen.

Im Vordergrund standen das Recht auf Bildung, bessere Arbeitsbedingungen und Gleichstellung von Frau und Mann. Bis dahin standen Frauen ausnahmslos unter der Herrschaft ihres Ehemannes und mussten sich ihren Entscheidungen fügen. Nach der Revolution jedoch wurde es Frauen verboten, politisch aktiv zu sein oder Vereinigungen zu bilden, und berühmte Frauenrechtlerinnen wie Olympe de Gouges wurden hingerichtet.

Erste Welle

Die erste Welle des Feminismus entstand Mitte des 19. Jahrhunderts in vielen europäischen Ländern, den USA und Australien. In Großbritannien wurde ab 1869 gegen die „Contagious Diseases Acts" (Gesetze zur Bekämpfung ansteckender Krankheiten) vorgegangen, aufgrund denen Prostitution staatlich kontrolliert wurde und Frauen als allein verantwortliche Personen angesehen wurden, wenn sich Geschlechtskrankheiten verbreiteten.

Es wurde der erste Allgemeine Deutsche Frauenverein gegründet, der es sich zum Ziel gesetzt hatte, Bildungschancen für Frauen zu verbessern und die Ausübung eines Berufs zu ermöglichen. Dafür wurden Industrie- und Handelsschulen speziell für Frauen und gleicher Lohn bei gleicher Arbeit sowie Gleichstellung von Mann und Frau gefordert. Ab 1896 wurden Frauen erstmalig zum Studium zugelassen. Im Zuge dessen entstanden auch neue Studiengänge, wie zum Beispiel Soziale Arbeit.

In England wurde die Women's Social and Political Union gegründet. Die Mitglieder, sogenannte Suffragetten, protestierten durch Hungerstreiks, Störungen öffentlicher Veranstaltungen und Parlamentsboykotte für das Frauenwahlrecht. Dadurch entstand ein feministisches Bewusstsein, was sich auch in andere Länder ausbreitete. Aufgrund jahrelanger Proteste wurde in Deutschland im Jahr 1919 das Wahlrecht auch für Frauen ab 21 Jahren in die Weimarer Verfassung aufgenommen. Abgesehen von Finnland war Deutschland das erste europäische Land, in dem Frauen wählen durften. Damit durften sie auch das erste Mal an politischer Macht teilhaben. Zeitgleich wurde die väterliche Vormundschaft über mündige, unverheiratete Frauen und die Vormundschaft des Ehemannes abgeschafft.

Während des Ersten Weltkriegs verlangsamten sich die ersten Erfolge der feministischen Bewegungen. Während die Männer als Soldaten an der Front kämpften, mussten die Frauen in Fabriken arbeiten. Auch nach dem Weltkrieg, als ein großer Teil der Männer entweder schwer verwundet oder tot war, mussten die Frauen für das Einkommen der Familie und gleichzeitig für den Haushalt sorgen. Aufgrund des Kriegs und der Deutschen Inflation von 1914 bis 1923 entstand eine soziale Not bei Kriegswaisen und Kriegswitwen, was zu Lebensmittelunruhen und Massenstreiks durch Arbeiterinnen führte. Im Zuge der Weltwirtschaftskrise 1929 fielen viele Arbeitsplätze weg, worunter vor allem Frauen zu leiden hatten. Dadurch mussten sie oftmals wieder den traditionellen Platz als Hausfrau und Mutter einnehmen.

Durch die Machtübernahme der Nationalsozialisten ab 1933 endete die erste Welle des Feminismus. Frauenverbände und -organisationen wurden aufgelöst oder gleichgeschaltet, die Ausübung gehobener Berufe wurde Frauen verboten, das passive Wahlrecht wurde ihnen wieder entzogen. Berühmte Frauenrechtlerinnen und Gegnerinnen des Naziregimes wie Anita Augspurg und Alice Salomon mussten ins Exil fliehen.

Zudem wurde von den Nazis ein Feindbild von intellektuellen, selbst bestimmten Frauen verbreitet. Die wahre weibliche Bestimmung sei das Hausfrau- und Muttersein. Damit wurden traditionelle Geschlechterverhältnisse wiederhergestellt. Nach dem Zweiten Weltkrieg und dem Sturz des Naziregimes mussten Frauen erneut arbeiten, um die Familie ernähren zu können, wenn ihre Männer verwundet oder verstorben waren. Als Deutschland sich in den 1950er-Jahren allmählich wieder erholte, waren Männer wieder die Alleinverdiener der Familie, während die Frau ins Dasein als Hausfrau und Mutter zurückkehrte. Dies währte aber nicht lange.

Zweite Welle

Ab den 1960er-Jahren lebte der Feminismus wieder auf. Mit dem berühmten „Tomatenwurf" von 1969 wurde die zweite Welle des Feminismus eingeleitet. Die Sprecherin des Aktionsrates zur Befreiung der Frau, Helke Sander, warf den SDS-Männern vor, die Diskriminierung von Frauen zu ignorieren, ohne jedoch von diesen beachtet zu werden.

Daraufhin warf Sigrid Rüder Tomaten in Richtung des Vorstandtisches. Am selben Tag bildeten sich Frauengruppen, um gegen die Ungleichbehandlung vorzugehen. Frauen waren an weiterführenden Schulen und Universitäten kaum vertreten, nur jede dritte Frau war erwerbstätig und sie hatten kaum Teilhabe in der Politik. Die Frauen, die erwerbstätig waren, übten nur geschlechtstypische Berufe wie den der Sekretärin oder der Lehrerin aus und wurden schlecht bezahlt.

Zudem durften Frauen bis 1962 kein eigenes Konto eröffnen und über ihr Vermögen verfügen, bis 1977 brauchten sie die Erlaubnis ihres Ehemannes zur Ausübung eines Berufs und bei Scheidungen wurde die Frau grundsätzlich als die Schuldige angesehen und finanziell nicht weiter unterstützt. Schwangerschaftsabbrüche waren verboten, gegen Vergewaltigungen in der Ehe konnten Frauen nicht rechtlich vorgehen und sie waren allein für den Haushalt verantwortlich.

Die Feministin Simone de Beauvoir veröffentlichte das Buch „Das andere Geschlecht", in dem sie mit Mythen über Frauen aufräumte, die Unterschiede zwischen biologischem und sozialem Geschlecht aufzeigte und klarstellte, dass Frauen in die Rolle der Hausfrau gezwungen werden und nicht dazu bestimmt sind. Das Buch schlug Wellen, erneut engagierten sich Frauenbewegungen für die Unabhängigkeit und Selbstbestimmung der Frau und machten auf die Benachteiligung aufmerksam. Insbesondere wehrten sie sich gegen die schlechtere Bezahlung, starre Rollenbilder, den eingeschränkten Zugang zu Bildung und das Verbot von Abtreibungen.

Ab 1957 wurden in der BRD allmählich die gesetzlichen Bestimmungen abgeschafft, die gegen Art. 3 des Grundgesetzes als Gebot der Gleichberechtigung verstießen. Ab 1994 wurde Art. 3 der Zusatz zugefügt: „Der Staat fördert die tatsächliche Durchsetzung der Gleichberechtigung von Frauen und Männern und wirkt auf die Beseitigung bestehender Nachteile hin." Im Jahr 1961 wurde zum ersten Mal eine Frau Bundesministerin. Es handelte sich um Elisabeth Schwarzhaupt, die für das Gesundheitswesen zuständig war.

Ab den 1980er-Jahren erlebten die GRÜNEN einen Aufschwung, da sie den Feminismus vorantreiben wollten. Auch die CDU reformierte ihre Politik und setzte sich für die bessere Vereinbarkeit von Beruf und Familie ein. Viele prominente Frauen gaben zu, trotz der schlechten Hygienestandards und des Verbots eine Abtreibung vorgenommen zu haben. Infolge der zweiten Welle wurden Abtreibungen unter bestimmten Voraussetzungen zugelassen, es wurde Aufklärung über Sexualität und Sexualstraftaten geleistet, Frauen konnten selbst entscheiden, ob und als was sie arbeiten wollten, und es wurden Frauenquoten und Kinderbetreuungsquoten eingeführt, um Frauen das Berufsleben zu erleichtern.

1977 wurde das Gesetz der „Hausfrauenehe" abgeschafft, sodass die Frau nicht mehr gesetzlich zur Haushaltsführung verpflichtet war. Das Schuldprinzip bei der Scheidung wurde zurückgenommen und der Nachname der Frau konnte ebenfalls als Familienname angenommen werden. Nach dieser Reform des Familienrechts kam es auch zu Modernisierungen in der Lehre und Forschung: Zum ersten Mal gab es 1976 in der Freien Universität in Berlin ein Programm für Frauen, bei dem sich mit Frauen in der Geschichte, Politik, Kultur und den Wissenschaften beschäftigt wurde. Die Genderstudies wurden im Jahr 1997 eingeführt, um Geschlechterverhältnisse zu untersuchen. Des Weiteren wurde im Jahr 1980 ein Gesetz über die Gleichbehandlung von Männern und Frauen am Arbeitsplatz verabschiedet, was zusätzlich zur gleichen Behandlung das gleiche Gehalt für die gleiche Arbeit unabhängig vom Geschlecht vorschrieb.

Dritte Welle

Die dritte Welle des Feminismus begann Mitte der 90er-Jahre. Der Begriff etablierte sich aus dem amerikanischen „Third Wave Feminism" und stellt die Diversität weiblicher Identitäten und Erfahrungen in den Vordergrund. Die Heterosexualität als soziale Norm sowie die binäre Geschlechterordnung werden seither hinterfragt.

Es entwickelte sich ein intersektionaler Feminismus, welcher auf die Möglichkeit der mehrfachen Diskriminierung hinweist. Schließlich existieren beispielsweise auch Rassismus (die Diskriminierung anhand der Abstammung), Ableismus (die Diskriminierung von Menschen mit Behinderung) oder der Klassismus (Diskriminierung anhand der sozialen Herkunft). Was Frausein und Mannsein bedeutet, ist nicht festgelegt und im ständigen Wandel. Im Zuge der dritten Welle wurde unter anderem die Ehe zwischen gleichgeschlechtlichen Personen erlaubt.

Seit der UN-Weltfrauenkonferenz in Peking im Jahr 1995 sind Maßnahmen festgesetzt, die zur Gleichstellung der Geschlechter und Realisierung von Frauenrechten führen sollen. Dabei geht es insbesondere um Armut, Bildung, Gewalt gegen Frauen, Frauen im Berufsleben und in Machtpositionen, Menschenrechte, Umwelt, Medien und Kindheit. Das Selbstbewusstsein, die Freiheit, die Selbstbestimmung und die Gleichstellung der Geschlechter stehen im Fokus.

Gleichzeitig wird der Antifeminismus größer; viele Männer wollen ihre Privilegien behalten und dementsprechend den Feminismus ignorieren oder diffamieren. Dennoch wird immer häufiger über Alltagssexismus und Diskriminierung öffentlich gesprochen, um die immer noch vorherrschenden patriarchalen Strukturen zu verdeutlichen und zu minimieren.

WARUM IST FEMINISMUS WICHTIG?

Da Feminismus schon so lange im Gespräch ist, könnte man meinen, wir hätten längst die Gleichstellung der Geschlechter erreicht. Frauen können wählen, einen

Beruf ausüben, sexuelle Übergriffe sind verboten. Dies ist zumindest die Theorie. In den USA jedoch gingen am 21. Januar 2017 circa vier Millionen Menschen beim „Women's March" auf die Straße. In Spanien protestierten im Jahr 2018 5,3 Millionen Menschen bei Streiks. Auch in Deutschland sind längst nicht alle mit dem jetzigen Zustand zufrieden.

Eine Gleichstellung der Geschlechter ist sowohl juristisch als auch gesellschaftlich wünschenswert, in der Praxis jedoch noch längst nicht gegeben. Im Folgenden sehen Sie, in welchen Bereichen der Feminismus noch längst nicht sein Ziel erreicht hat.

ALLTAGSLEBEN

Laut dem Bundesministerium für Familie, Senioren, Frauen und Jugend verwenden Frauen pro Tag durchschnittlich 52,4 % mehr Zeit für unbezahlte Sorgearbeit als Männer. Umfasst sind sämtliche Arbeiten im Haushalt, im Garten, die Pflege und Betreuung von Kindern und Erwachsenen, unbezahlte Hilfen für andere Haushalte sowie Ehrenämter. Einberechnet wurden auch die Anfahrtszeiten.

Dabei leisten Männer pro Tag etwa zwei Stunden und 46 Minuten dieser Arbeit, Frauen ungefähr vier

Stunden und 13 Minuten. Selbst wenn Frauen das Haupteinkommen der Familie verdienen, arbeiten sie meist mehr im Haushalt. Dieser Gender-Care-Gap verdeutlicht den unterschiedlichen Zeitaufwand für die sogenannte Care-Arbeit. Und er bleibt nicht ohne Folgen: Frauen arbeiten deutlich häufiger in Teilzeit als Männer, um die unbezahlte Sorgearbeit zu bewältigen. Dies wirkt sich auch auf ihr niedrigeres Einkommen und ihre Rente aus. Gerade bei 34-Jährigen ist der Unterschied besonders extrem:

Frauen wenden hier 110,6 % mehr ihrer Zeit für die unbezahlten Aufgaben auf als Männer. Gerade in dem Alter werden zentrale Lebensentscheidungen getroffen und der Aufwand für Kinder steigt. Insbesondere in Haushalten mit Kindern fällt die meiste Care-Arbeit an, da die Kinderbetreuung einiges an Zeit in Anspruch nimmt. Hinzu kommt, dass Frauen öfter die intimeren, anstrengenderen und emotional belastenden Aufgaben übernehmen, wenn es beispielsweise um die Pflege der Eltern geht. So übernehmen in Großbritannien Frauen 70 % der unbezahlten Pflege und werden dabei noch weniger unterstützt als Männer.

Es wurde vom britischen Amt für nationale Statistik festgestellt, dass Frauen in Großbritannien dadurch etwa fünf Stunden weniger Freizeit pro

Woche haben und ihre verbliebene Freizeit noch häufiger mit Haushaltstätigkeiten kombinieren.

In Uganda arbeiten Frauen sogar sechs Stunden täglich mehr als Männer. Diese Diskrepanz zieht erhebliche Konsequenzen nach sich: Sie wirkt sich negativ auf die Gesundheit von Frauen aus. Laut einer kanadischen Studie aus dem Jahr 2016 erzielen Frauen nach einer Herzoperation schlechtere Ergebnisse, da sie nach der OP ihre unbezahlten Tätigkeiten gleich wieder aufnehmen, während Männer sich nach einer OP ausruhen und umsorgen lassen. Zudem erleiden Frauen am Arbeitsplatz doppelt so oft Stress, Angst und Depressionen wie Männer. Insbesondere in Bereichen, in denen viele Überstunden geleistet werden, leidet die Gesundheit von Frauen stärker als die von Männern; eine Arbeitszeit zwischen 41 und 55 Stunden pro Woche wirkt sich negativ auf Frauen aus, während sich bei Männern kein negativer Effekt zeigt.

Laut einer schwedischen Studie verdreifacht sich das Risiko, an Herzerkrankungen und Krebs zu erkranken, wenn sie 30 Jahre mehr als 60 Wochenstunden arbeiten. Dies liegt jedoch nicht an einer grundsätzlich niedrigeren Belastungstoleranz bei Frauen; sie übernehmen einfach so viele der unbezahlten Arbeiten, dass sie im Beruf nicht auch noch zu mehr Leistung fähig sind. Stattdessen halten sie ihrem Mann durch ihre Tätigkeiten zu Hause den Rücken frei und arbeiten öfter in Teilzeit, wodurch er weniger belastet wird, sie aber gleichzeitig weniger verdienen. Trotz der körperlichen und psychischen Anstrengung wird Care-Arbeit oft nicht als richtige Arbeit gewertet. Eine faire Aufteilung der Care-Arbeit unter Paaren würde zu besseren Chancen auf dem Arbeitsmarkt, höherem Einkommen und höheren eigenständigen Alterssicherungsansprüchen bei Frauen führen.

Sexismus fängt schon bei kleinen Dingen an, die im Alltag manchmal gar nicht auffallen. Vielleicht ist Ihnen schon mal aufgefallen, dass gerade Männer sich im Bus oder in der Bahn besonders breitbeinig hinsetzen. Dies ist kein Einzelfall, sondern tritt so häufig auf, dass es dafür einen etablierten Begriff gibt: Manspreading. Männer machen sich fünfmal so oft breit in der Bahn wie Frauen und entgegen der landläufigen Meinung tun sie das laut wissenschaftlichen Erkenntnissen nicht aus körperlich bedingten Gründen.

Sie nehmen sich den Platz, weil sie unterbewusst denken, dass er ihnen zusteht. Die fehlende Rücksicht ist der Ausdruck eines Dominanz- und Machtverhaltens, mit dem sie unterschwellig ihren Platz in der Welt verdeutlichen wollen. Ihnen wird schon als Kind vermittelt, dass ihnen etwas zusteht, was sie sich nehmen sollen. Das Verlangen, Präsenz zu zeigen, wird daher bereits in der Kindheit erlernt. Schließlich wird Jungen immer ein actionbereites und wettbewerbsorientiertes Verhalten gezeigt und antrainiert.

Mädchen hingegen erlernen früh, anderen Platz zu machen und sich zurückzunehmen. Während von Jungen also ein lautes, selbstbewusstes und dominantes Verhalten gefordert und gefördert wird, werden Mädchen dafür bestraft. Zudem werden Jungen dazu ermutigt, sich nicht zu hinterfragen, wenn sie auf negative Art und Weise Aufmerksamkeit bekommen. Mädchen hingegen sollen sich selbst kontrollieren können und Rücksicht nehmen. Was bereits so früh in der Kindheit erlernt wird, ändert sich nicht plötzlich im Erwachsenenalter. Dennoch kommt das auch bei Frauen vor, wenn auch in geringerem Maße.

Allerdings weniger, indem sie sich breitbeinig hinsetzen, sondern indem sie ihre Tasche oder ihren Rucksack auf den freien Sitzplatz neben ihren Platz stellen. Dies nennt man Shebagging. Jedoch haben weniger Menschen ein Problem damit, eine Frau darauf aufmerksam zu machen; Frauen gesteht man den zusätzlichen Platz weniger zu als einem Mann. Sollten Sie einmal mit Manspreading oder Shebagging konfrontiert sein, können Sie entweder schweigend ihren Platz fordern, indem sie sich ebenfalls breit machen, oder aber Sie sprechen den Mann oder die Frau darauf an, dass er zu viel Platz einnimmt, jedoch ohne Bitte oder Entschuldigung. Schließlich benehmen nicht Sie sich falsch, der Platz steht Ihnen zu und Sie können ihn auch einfordern. Außerdem sind in der Bahn oder im Bus meistens andere Menschen, die Ihnen im Notfall zu Hilfe kommen können.

Ein weiteres Beispiel der Benachteiligung, das einem nicht direkt ins Auge sticht: öffentliche Toiletten. Sicher ist Ihnen auch schon mal aufgefallen, dass bei Konzerten oder im Kino vor Frauentoiletten immer längere Schlangen sind als vor Männertoiletten. Dies liegt jedoch nicht primär daran, dass Frauen einfach öfter auf die Toilette müssen: In Männer-WCs sind einfach mehr Toilettenmöglichkeiten. Laut der Versammlungsstättenverordnung müssen für 1000 Männer acht Toiletten und zwölf Urinale zur Verfügung stehen; für Frauen nur zwölf Toiletten. Zwar haben die meisten WCs die gleiche Grundfläche, wegen der Urinale können die Quadratmeter allerdings von mehr Personen gleichzeitig benutzt werden.

Dass es dann auf Männer-WCs schneller geht, ist kein Wunder. Hinzu kommt, dass die normale

Toilettenbenutzung bei Frauen aus anatomischen Gründen länger dauert als bei Männern. Zusätzlich sind die meisten älteren und behinderten Menschen weiblich und brauchen daher ebenfalls länger. Darüber hinaus hat eine erhebliche Anzahl gebärfähige Frauen ihre Periode, sodass sie dann noch Binde, Tampon oder Menstruationstasse wechseln müssen. Nicht zu vergessen ist die Tatsache, dass Frauen achtmal so häufig wie Männer an einer Blaseninfektion leiden und aus diesem Grund ebenfalls öfter auf die Toilette müssen. Aufgrund dieser biologischen Unterschiede ist die Toilettenaufteilung alles andere als fair.

Wenn wir mal einen Blick auf andere Länder werfen, fällt uns ein noch gravierendes Problem in Bezug auf Toiletten auf: 30 % aller Frauen haben keinen Zugang zu sicheren Toiletten. Laut WaterAid suchen Mädchen und Frauen insgesamt 97 Milliarden Stunden, um einen sicheren Ort zu finden, wo sie auf Toilette gehen können. In Entwicklungsländern versuchen viele Arbeiterinnen sogar, den ganzen Tag über nicht auf die Toilette zu gehen mangels eines sicheren Rückzugsortes und sauberem Wasser. Darum trinken sie den Tag über nichts, was die Gefahr von Austrocknung, Blasen- und Harnwegsinfektionen und eines Hitzschlags mit sich bringt. In Mumbai haben 2,5

Millionen Frauen nicht einmal eine Toilette in der Wohnung und es gibt nur kostenlose Urinale für Männer in der Öffentlichkeit. In den Slums gibt es lediglich etwa sechs Toilettenräume für 8000 Frauen und selbst dann gehen Frauen lieber irgendwo draußen. An öffentlichen Toiletten kommt es nämlich häufig zu sexuellen Übergriffen, bei denen man Frauen zunächst auflauert, um sie dann zu überfallen.

Da kaum jemand über dieses Thema sprechen möchte, gibt es keine gesicherten Zahlen für die Anzahl sexueller Übergriffe, die Mädchen und Frauen an öffentlichen Toiletten erfahren. Man geht aber davon aus, dass Frauen dort doppelt so häufig sexuelle Gewalt durch Männer erleben wie Frauen, die eine Toilette zu Hause haben. Wenn man sich draußen erleichtert, ist allerdings das Risiko für Krankheiten wie Polio, Beckenbodenentzündung, Hepatitis, Cholera und Wurmbefall erhöht mangels sauberen Wassers. An diesen Krankheiten sterben jährlich Millionen Menschen Indiens, überwiegend Frauen und Mädchen.

BILDUNG

Auch, wenn es um Bildung geht, stehen Mädchen und Frauen hintenan. In Entwicklungsländern gehen viele von ihnen nicht zur Schule, etwa zwei Drittel aller Analphabet*innen weltweit sind Frauen. Dies liegt unter anderem daran, dass viele Familien sich das Schulgeld nicht leisten können. Selbst wenn zumindest für Grundschüler*innen kein Schulgeld gezahlt werden muss, fallen Kosten für Bücher, Schuluniformen und Verpflegung an. Etwa 18 % aller Kinder zwischen fünf und vierzehn Jahren arbeiten und da sind die Kinder, die im Haushalt helfen, nicht einmal einberechnet.

Gerade Mädchen müssen im Haushalt helfen; zehnjährige Mädchen in Bangladesch wenden am Tag durchschnittlich zehn Stunden dafür auf. Da also zusätzlich zum finanziellen Aspekt auch die Hilfe im Haushalt wegfiele und patriarchale Strukturen gefestigt sind, wird von mehreren Kindern dann meist nur der Junge zur Schule geschickt. Die Berufschancen sind für Jungen ohnehin signifikant besser und der Schulweg wird oft auch als zu gefährlich für Mädchen erachtet, während man den Jungen dies zumutet.

Gerade in Krisensituationen, wie Kriegen oder Naturkatastrophen, gehen Mädchen nur noch halb so oft zur Schule wie Jungen. Die Abhängigkeit vom späteren Ehemann ist vorprogrammiert.

BERUFSLEBEN

Der Gender-Pay-Gap wird jährlich vom Weltwirtschaftsforum erhoben und zeigt die Differenz des durchschnittlichen Bruttoeinkommens zwischen den Geschlechtern. In Bezug auf das Einkommen sind Männer und Frauen noch nicht gleichgestellt, auch wenn dies vielfältige Ursachen hat und nicht unbedingt gewollt ist. Tatsächlich verdienen Frauen in jeder Berufsgruppe weniger als Männer; in Deutschland ist die Lohnlücke mitunter am größten. Es wird zwischen dem bereinigten und dem unbereinigten Gender-Pay-Gap unterschieden.

Der bereinigte Gender-Pay-Gap liegt bei 2 - 7 % und lässt vergleichbare Eigenschaften in die Berechnung einfließen wie gleicher Beruf, gleiche Qualifikation und gleiche Arbeitserfahrung. Trotz gleicher Tätigkeit und gleichem Hintergrund verdienen Frauen in Deutschland aufgrund von Diskriminierung also zwischen 2 – 7 % weniger als Männer. Unter anderem wird Frauen pauschal unterstellt, sicher einmal schwanger zu werden und anschließend für längere Zeit auszufallen, obwohl die Geburtenrate immer weiter zurückgeht. Es wird indes direkt davon ausgegangen, dass eine Frau Beruf und Familie nicht miteinander vereinbaren könnte, man rechtfertigt damit Abstriche beim Lohn oder stellt gar nicht erst ein.

Der unbereinigte Gender-Pay-Gap beträgt 18 %, hier werden nicht nur vergleichbare Eigenschaften in die Berechnung einbezogen, sondern der Verdienst insgesamt. Es wird also nicht auf Qualifikation, Beruf oder Arbeitserfahrung geachtet. Die Lohnlücke beruht stattdessen zu einem großen Teil auf der Tatsache, dass Frauen aufgrund der anfallenden Care-Arbeit häufiger in Teilzeit arbeiten, dadurch weniger verdienen und kaum Aufstiegsmöglichkeiten haben.

Durch eventuelle Schwangerschaften und anfallenden Mutterschaftsurlaub sowie Elternzeit fallen Frauen auch länger aus, was sich ebenfalls negativ auf ihre Karriere auswirkt. Eine weitere Ursache ist, dass Frauen häufiger in unterbezahlten Berufen insbesondere in der sozialen Branche arbeiten, die gerade deshalb unterbezahlt sind, weil sie frauendominiert sind. Männer arbeiten öfter in prestigeträchtigen und männerdominierten Berufen wie der Handwerks-, Wirtschafts- und IT-Branche, die dadurch monetär aufgewertet werden.

Trotz gleichen Anspruchs und gleichen Aufwands wird frauendominierten Berufen von der breiten Masse der Bevölkerung ein niedrigeres Gehalt zugesprochen als männerdominierten Berufen. Zu den Berufen, in denen Frauen stark überrepräsentiert sind, zählen beispielsweise die Alten- und Krankenpflege oder der Beruf des*der Erzieher*in. Diese Berufe sind vergleichsweise schlecht bezahlt; in frauendominierten Bereichen (in der Pflege liegt der Frauenanteil bei 87 %) verdient man etwa 8 € weniger pro Stunde als in männerdominierten Berufen. Dabei tragen gerade Pflegefachkräfte enorme Verantwortung, müssen körperlich schwere Arbeit leisten, arbeiten in Schichtarbeit, sind psychisch hohem Stress ausgesetzt und haben kaum Erholungsmöglichkeiten.

Zudem bekommt ein Müllmann eine Zulage für das Heben schwerer Lasten, eine Altenpflegerin jedoch nicht. Auch in Berufen, für die man einen akademischen Abschluss braucht, verdient man in der frauendominierten Branche weniger: Eine Sozialarbeiterin verdient etwa 16 € pro Stunde, ein Ingenieur um die 29 €. Begründen lässt sich dieser Unterschied unter anderem dadurch, dass ein Großteil der typischen Frauenberufe nie auf eine erfolgreiche Karriere ausgelegt war. Schließlich stiegen Frauen normalerweise ab der

Geburt des ersten Kindes aus dem Beruf aus und kümmerten sich um die Erziehung und den Haushalt.

Zwar befürworten die meisten Menschen eine bessere Vergütung von klassischen Frauenberufen, jedoch sieht das im konkreten Fall meist anders aus. Die Sozialforscherin Katrin Auspurg fand im Rahmen einer Studie heraus, dass bei gleicher Qualifikation und gleicher Leistung die Proband*innen dem Mann ein höheres Gehalt zugestanden als der Frau. Im Ergebnis fanden die meisten trotz gleicher Arbeit eine Lohnlücke zwischen den Geschlechtern von etwa 8 % gerecht. Was den Gender-Pay-Gap außerdem beeinflusst, ist die unterschiedliche Bildungs- und Berufswahl. Diese wird nämlich durch geschlechtstypische Stereotypen beeinflusst: Bestimmte Branchen werden als typisch männlich oder typisch weiblich angesehen, was dazu führt, dass insbesondere Frauen sich einen männerdominierten Beruf nicht zutrauen und sich selbst für zu unbegabt halten. Studien aus den Jahren 2001 und 2004 zeigen, dass Klischees wie die Annahme, dass Frauen keine Mathematik, Informatik oder Naturwissenschaften können, ihre Wahrnehmung beeinflusst.

Trotz guter Leistung fühlen sie sich nicht dazu in der Lage, gleich gute Leistungen in den Fächern zu erbringen wie Männer. Männer hingegen halten sich in diesen Gebieten selbst dann für begabter, wenn sie gleich gute oder schlechtere Leistungen zeigen als Frauen. Das geht so weit, dass Frauen den weiteren Bildungs- und Berufsweg von Klischees und nicht von persönlichen Fähigkeiten abhängig machen. Dabei sind laut dem TIMMS-Mathematikbericht sowie dem TIMMS-Naturwissenschaftsbericht Mädchen durchschnittlich sogar besser in Mathematik und Naturwissenschaften. Doch selbst bei guten Noten haben Mädchen kaum Selbstvertrauen in ihre Fähigkeiten.

Hinzu kommt, dass es Frauen bereits Probleme bereitet, überhaupt in den gewünschten Beruf einzusteigen. Laut einer Studie der Ökonom*innen Dorothea Kübler, Robert Stüber und Julia Schmid diskriminieren Betriebe Frauen bei der Einstellung von Auszubildenden, insbesondere in Männerdomänen. Ihnen wird trotz gleicher Qualifikation und gleich gutem oder sogar besserem Abschluss weniger zugetraut, man glaubt, sie würden sich weniger gut ins Team einfügen und man möchte Arbeitsausfall durch potenzielle Schwangerschaften vermeiden.

Ein weiteres Problem ist, dass gerade in kleinen Betrieben, in denen bisher nur Männer arbeiteten, keine Sanitäreinrichtungen für Frauen vorhanden sind, die daher erst noch gebaut werden müssten. Den

Aufwand wollen sich viele Arbeitgeber lieber sparen. Laut den Ökonom*innen wirkt sich die Tatsache, dass eine Bewerberin weiblich ist, sogar ähnlich negativ aus wie ein schlechterer Notendurchschnitt um eine ganze Note.

Eine Studie der Princeton University aus dem Jahr 2012 untersuchte ebenfalls, inwiefern das Geschlecht von Bewerber*innen die Einstellungschancen beeinflusste, und kam zum selben Ergebnis: Bei einem männlichen Bewerber gingen die Proband*innen automatisch von mehr Kompetenz aus und würden sie bevorzugt einstellen. Lediglich eine Lücke im Lebenslauf von vier Jahren wirkte sich negativer aus als das Geschlecht. Dabei seien Unternehmen mit einer höheren Geschlechterdiversität erfolgreicher:

Frauen bringen oftmals bisher wenig vertretene Eigenschaften ein, wie bessere Kritikfähigkeit, Hilfsbereitschaft, sozialen Umgang und sie achten mehr auf die Vorschläge niedrig gestellter Mitarbeiter*innen. Zusätzlich werden bei mehr Frauen im Unternehmen bisher bestehende Klischees abgebaut. Stellt man mehr Frauen ein, trägt dies auch zukünftig dazu bei, dass der Frauenanteil im Unternehmen sich erhöht; bei mindestens einer Frau im Bewerbungsprozess steigen die Chancen für die Bewerberinnen. Männer in frauendominierten Berufen erfahren hingegen kaum Diskriminierung.

Ein weiterer Punkt ist die zurückhaltende Vorgehensweise von Frauen bei Gehaltsverhandlungen. Dafür ist vor allem das fehlende Bewusstsein verantwortlich, wie viel sie verlangen können. Gerade Frauen nehmen sich laut Wirtschaftswissenschaftlerin und Verhaltenstrainerin Ljubow Chaikevitch selbst als weniger wert wahr, als sie eigentlich sind, und sind bereits dankbar, wenn sie überhaupt eingestellt werden. Insbesondere, wenn ihnen der Beruf Spaß macht, sehen sie ihn eher als Hobby und schätzen ihre eigenen Talente nicht.

Tatsächlich werden Frauen im Gegensatz zu Männern bereits in der Kindheit zu Zurückhaltung, Bescheidenheit und ruhigem Verhalten erzogen, was sich im Lauf des Lebens selten ändert. Aus diesem Grund werden sie für typisch männliches Verhalten, was man von ihnen nicht gewohnt ist und was sich in Selbstbewusstsein, Dominanz und sicherem Auftreten äußert, eher bestraft. Ein solches Verhalten wird bei ihnen nicht toleriert, da man schlicht und einfach ein „Nett-Sein" und Bescheidenheit erwartet. Männer hingegen werden für das gleiche Verhalten respektiert und sogar gelobt.

Sollten Sie selbst in der Lage sein, ein besseres Gehalt verhandeln zu wollen: Recherchieren Sie Ihren Marktwert, das übliche Gehalt in Ihrer Branche, tauschen Sie sich mit Kolleg*innen auf der gleichen Hierarchiestufe aus und notieren Sie Ihre Erfolge auf der Arbeit. Sie sollten mit Ihrer Leistung und Ihrem Mehrwert argumentieren, bloß nicht mit persönlichen Umständen. Zudem ist es hilfreich, das Gehaltsverhandlungsgespräch vorher mehrfach durchzuspielen, um im echten Gespräch gefasst und souverän reagieren zu können.

Auch die Mutterschaft ist ein bedeutender Faktor für die Lohnlücke. Da Frauen den Großteil der Care-Arbeit übernehmen und gerade mit Kindern weniger in Vollzeit arbeiten, geschweige denn Überstunden wahrnehmen können, sind sie gegenüber ihren männlichen Kollegen im Nachteil. Männer mit Kindern können dank ihrer Partnerin meist sogar mehr Stunden arbeiten als vorher ohne Kinder. Hinzu kommt, dass Frauen in Männer-Netzwerken es schwerer haben; nach der Arbeit noch mit Kolleg*innen oder Chef*innen essen oder golfen zu gehen, ist mit Kindern daheim kaum möglich.

Aus diesem Grund geben Frauen ihren Wunsch nach einer steilen Karriere öfter auf; beim Berufseinstieg wollen noch etwa 43 % aller Frauen in Führungspositionen kommen, nach fünf Jahren im Beruf reduziert sich die Zahl auf 16 %. Bei Männern bleibt der Wunsch gleich. Laut einer Studie des Deutschen Instituts für Wirtschaftsforschung (DIW Berlin) geht auch nur jeder vierte Mann in Elternzeit und die meisten nehmen dann auch nur die zwei Monate in Anspruch, durch die sie Anspruch auf Elterngeld haben.

Laut einer im American Journal of Sociology veröffentlichten Studie aus dem Jahr 2007 werden Mütter auch als weniger kompetent und weniger beruflich engagiert eingeschätzt als Männer und ihnen wird ein geringeres Gehalt zugestanden. Des Weiteren werden an Mütter höhere Anforderungen gestellt als an Männer; so dürfen sie seltener auf der Arbeit fehlen und müssen bessere Ergebnisse erreichen. Erstaunlicherweise wurde festgestellt, dass dies für Väter nicht gilt; hier stellt man niedrigere Anforderungen als an kinderlose Männer.

Nicht nur in Bezug auf das Bewerbungsverfahren, das Einkommen oder die Fremdwahrnehmung im Berufsleben tun sich für Frauen Probleme auf. Sie haben auch Schwierigkeiten damit, im Beruf aufzusteigen und an Führungspositionen zu gelangen. Dies bezeichnet man als den Effekt der „Gläsernen Decke".

Gegen dieses Hindernis stoßen Frauen meist ab der Position im mittleren Management, darüber kommen sie nur schwer hinaus. Der Grund liegt erneut in Stereotypen, bei denen man Frauen pauschal ihre Kompetenz, Qualifikation und Durchsetzungskraft abspricht, sowie in einem auf Männer ausgerichtetes Unternehmensklima und dem fehlenden Zugang zu Netzwerken, um Kontakte zu knüpfen. Studien haben gezeigt, dass Männer nicht nur Männer vorrangig einstellen, sondern auch befördern.

Wie in vielen anderen Bereichen wird außerdem davon ausgegangen, dass Frauen schwanger werden und für längere Zeit ausfallen, sodass man lieber jemanden einstellt, bei dem dieses Risiko nicht gegeben ist. Frauen erfahren selbst dann noch Diskriminierung und geringe Wertschätzung, wenn sie bereits die Karriereleiter emporgeklettert sind. Laut einer Umfrage aus dem Jahr 2015 haben bereits 75 % aller weiblichen Führungskräfte Diskriminierung erfahren. Im Jahr 2012 waren es nur 61 %.

Sie werden benachteiligt, indem man sie nicht auf Augenhöhe betrachtet, ihnen seltener Firmenwagen zugesteht, sie öfter Kaffee-Holen schickt oder ähnliche niedere Tätigkeiten ausführen lässt sowie durch sexistische Kommentare und Beleidigungen. Die

Diskriminierung äußert sich auch darin, dass Frauen schlechtere Projekte übergeben werden, wenn sie bei der Auswahl überhaupt berücksichtigt werden, sie seltener zu Netzwerkrunden eingeladen werden sowie geringeres Gehalt und niedrigere Boni erhalten. Durch die auf Männer ausgerichtete Unternehmenskultur wird es Frauen aber auch schwierig gemacht, ihr Potenzial auszuschöpfen:

Frauen mit Kind sind in ihrer Mobilität eingeschränkt, haben zumindest kleine Lücken im Lebenslauf und können nicht spontan verfügbar sein. Dies wird aber normalerweise erwartet. Würde man von geschlechtstypischen Stereotypen abweichen und Männer mehr dazu anhalten, Care-Arbeit zu leisten, um der Frau den Rücken freizuhalten, würde sich dieses Problem lösen. Auch Betriebskindergärten, Homeoffice und flexible Arbeitszeiten ermöglichen eine bessere Leistung.

Insgesamt wurde jedoch widerlegt, dass Frauen weniger Leistung erbringen und für eine höhere Fluktuationsrate sorgen. Außerdem werden sogenannte Soft Skills wie Empathie, Kommunikations- und Organisationstalent, aktives Zuhören, Kritikfähigkeit und Motivation, zu denen gerade Frauen erzogen werden, häufig unterschätzt. Auf niedrigen

Führungspositionen werden diese Eigenschaften zwar gewürdigt, auf höheren Ebenen hingegen zählen vorrangig typisch männliche Eigenschaften wie Durchsetzungskraft und Zielstrebigkeit.

Dabei hat man festgestellt, dass Frauen in hohen Führungspositionen die Zusammenarbeit deutlich verbessern und für mehr Effektivität und Effizienz sorgen sowie das übermäßige Selbstbewusstsein vieler CEOs bremsen können. Überdies sind sie besser im Krisenmanagement und offener für Vorschläge und Kritik. Eine geschlechtsgemischte Gruppe erzielt höhere Erfolge. Dennoch betrug bei insgesamt 2101 Unternehmen die Frauenquote in Vorständen im Jahr 2017 lediglich 7,7 %. Und 80,7 % der Unternehmen haben überhaupt keine Frau im Vorstand. Kaum ein Unternehmen will jedoch an der aktuellen Situation etwas ändern: 78,2 % aller Unternehmen geben sich entweder keine Zielgröße oder die Zielgröße Null bezüglich des Frauenanteils im Vorstand.

Um die Diversität in Unternehmen zu verbessern, wurde am 1. Januar 2016 daher vielerorts eine Frauenquote eingerichtet. Bei börsennotierten Unternehmen mit mehr als drei Personen im Vorstand muss künftig mindestens eine Frau im Vorstand sein. Seit es diese Vorgaben gibt, ist der Frauenanteil in den

Führungspositionen von betroffenen Unternehmen von 25 % auf 35,4 % angestiegen. In den Unternehmen, für die die Regelungen nicht gelten, beträgt er lediglich 19,9 %.

Zusätzlich zum Gender-Pay-Gap gibt es noch den Gender-Pension-Gap, der den Unterschied zwischen Alterseinkünften von Männern und Frauen aufzeigt. Aufgrund der oben beschriebenen Ursachen für das niedrigere Einkommen besteht auch hier eine hohe Differenz. Allein in Bezug auf die gesetzliche Rente besteht ein Gender-Pension-Gap von 58,5 % in Deutschland. So beziehen Männer eine durchschnittliche Rente von 1.148 €, Frauen lediglich eine Rente von 711 €. Von Altersarmut betroffene Menschen müssen daher häufig noch in hohem Alter Nebenjobs verrichten oder Pfandflaschen sammeln und kommen kaum über die Runden. Hinzu kommt, dass Altersarmut zu einem verkürzten Leben, gesundheitlichen Problemen und sozialem Rückzug führt.

GESUNDHEIT

Insbesondere in Ostasien, Südasien, Zentralasien und Nordafrika sind Frauen weniger wert als Männer; geschätzt werden laut UNICEF über eine Million Föten nur aufgrund des erwarteten weiblichen Geschlechts allein in Indien und China jährlich abgetrieben.

Auch als Babys oder Kleinkinder werden Mädchen in besagten Regionen oft vorsätzlich schlecht versorgt, um den Tod herbeizuführen, oder direkt getötet. In Indien hat dies vor allem finanzielle Gründe; Frauen sind aufgrund der Aussteuer bei einer Heirat ein höheres Risiko. Bei dieser Aussteuer oder Mitgift werden Güter oder Hausrat vom Vater der Braut an den Vater des Bräutigams übergeben, was einen hohen finanziellen Aufwand bedeutet. Auch die Schul- und Erziehungskosten sind hoch. In China sind die Abtreibungen weiblicher Föten eher kulturell bedingt, da Frauen grundsätzlich als weniger wert angesehen werden und der Mann das Oberhaupt ist.

Zudem galt von 1978/1989 bis 2015 die „Ein-Kind-Politik", während der eine Familie nur ein Kind bekommen durfte. Bei Verstoß drohten eine Geldstrafe und Sanktionen wie der Verlust des Arbeitsplatzes oder des Hauses. Aufgrund der konfuzianischen Tradition, die männliche Erbfolge aufrechtzuerhalten, wurden in der Folge Mädchen häufig abgetrieben.

Mangels Zugangs zu Verhütung und Bildung bekommen laut einem Bericht des Bevölkerungsfonds der Vereinten Nationen (UNFPA) arme Mädchen und Frauen dreimal so viele Kinder wie Reiche. Vom fehlenden Zugang zu Verhütungsmitteln sind in den Entwicklungsländern circa 214 Millionen Frauen betroffen; 43 % aller Schwangerschaften sind ungewollt. Pro Jahr werden nach Schätzungen etwa 48 Millionen Kinder abgetrieben. Laut Bundesentwicklungsminister Gerd Müller könne Primärbildung die Schwangerschaftsrate um 13 % senken, eine weiterführende Bildung sogar um 42 %.

Verhütungsmittel werden als Mittel zur Freiheit und Selbstbestimmung gesehen, denn seit der Einführung konnten Frauen in Deutschland zum ersten Mal dahin gehend über ihren Körper bestimmen, ob sie sich dem Risiko einer Schwangerschaft aussetzen wollen oder nicht.

Als die Antibabypille vor rund 60 Jahren auf den Markt kam, galt sie somit als Zeichen der Emanzipation. Im Laufe der Jahre wurden die möglichen Nebenwirkungen immer auffälliger; Frauen litten an Stimmungsschwankungen, Migräne, Gewichtszunahme,

Libidoverlust, schlechterer Haut, Panikattacken, Depressionen, Zwischenblutungen und einem erhöhten Thrombose- und Krebsrisiko. Insgesamt 55 % aller Frauen gaben im Rahmen einer Umfrage an, dass die Verhütung mit der Pille oder anderen hormonellen Verhütungsmitteln wie der Hormonspirale negative Auswirkungen auf Körper und Seele habe. Häufig werden gerade junge Mädchen nicht hinreichend aufgeklärt und bekommen die Pille verschrieben, wie Tictacs, obwohl sie den Körper nachweislich körperlich und psychisch beeinträchtigt.

Beim Absetzen braucht der Körper teilweise sechs bis zwölf Monate, um sich an die Umstellung zu gewöhnen, und viele Frauen merken erst in dieser Zeit, wie stark sie sich unter dem Einfluss der Pille verändert haben. Bei dem Ausmaß der Nebenwirkungen dürfte die Pille unter heutigen Gesichtspunkten nicht einmal mehr auf den Markt kommen.

Der Trend geht nun weg von hormonellen Verhütungsmitteln zu Kondomen, der Kupferspirale, Kupferkette oder dem Messen der Temperatur und der Analyse des Zervixschleims. Leider wird dennoch kaum an nicht-hormonellen Alternativen geforscht, denn hormonelle Verhütungsmittel bringen der Pharmaindustrie viel Geld. Verhütung wird immer noch als

Frauensache angesehen, für Männer gibt es bislang nur das Kondom, was indirekt auch Frauen mittragen, und die Vasektomie als zum Teil reversible Durchtrennung der Samenleiter. Zwar sollte bereits die Pille für den Mann auf den Markt kommen, 10 % der Probanden klagten allerdings über Kopfschmerzen, Stimmungsschwankungen und Libidoverlust.

Obwohl dies in gleichem Ausmaß auftrat wie bei Frauen, wurde das Produkt schnell wieder verworfen. Würde man intensiver an Verhütungsmöglichkeiten für Männer forschen, könnten sie die Frauen entlasten und gleichzeitig über den Aspekt der Familienplanung besser mitbestimmen. Auch, wenn bereits an Alternativen geforscht wird und ein Großteil der Männer sich für mehr Verhütungsmöglichkeiten ausspricht, fehlt die Finanzierung durch die Pharmaindustrie. Verhütung bleibt vorerst Frauensache.

Nicht nur die Pille wird nicht verbessert. Es klafft eine große Datenlücke im Bereich der Medizin, denn bisherige Medikamente werden größtenteils auf Männer ausgerichtet und an ihnen erforscht. Der männliche Körper wird als Norm betrachtet, der weibliche Körper als „abnormal" und „atypisch". Früher ging man davon aus, dass die Biologie von Männern und Frau annähernd gleich funktioniere, mittlerweile weiß man es besser. Nichtsdestotrotz werden Medikamente auf den typischen Mann von 70 Kilogramm zugeschnitten, in medizinischen Lehrbüchern werden fast ausschließlich männliche Abbildungen gezeigt und geschlechtsspezifische Informationen fehlen sogar bei Themen, bei denen die Geschlechterunterschiede längst bekannt sind. Solche Unterschiede gibt es insbesondere bei Krankheiten wie Depressionen, HIV, Krebs, Alkoholsucht und Herzinfarkten.

Ein Herzinfarkt bei einer Frau äußert sich unter anderem durch Übelkeit, Erbrechen, Rücken- oder Nackenschmerzen und einem Engegefühl in der Brust; bei einem Mann hingegen durch einen stechenden Schmerz in der Brust, der in den linken Arm zieht. Da an medizinischen Fakultäten aber vorrangig männliche Symptome gelehrt werden, wird ein Herzinfarkt bei einer Frau selten oder gar nicht erkannt. Klinische Studien für Medikamente wurden als für Männer und Frauen gültig vorgestellt, selbst wenn man nur Männer hatte teilnehmen lassen.

Nebenwirkungen von Medikamenten bei Frauen werden oft nicht einmal im Beipackzettel aufgeführt und die Dosierung von Medikamenten ist meist für einen Männerkörper gedacht und wirkt bei einer Frau ganz anders. Diese Datenlücken nennt man den

Gender-Data-Gap. Seit den 90er-Jahren müssen Studien zu Medikamenten auch an Frauen durchgeführt werden. Dennoch beträgt der Anteil der Probandinnen in frühen klinischen Studien der Phase I nur 10 bis 40 %, in Phase II und III 30 bis 80 %. In vielen Bereichen hätten Frauen doppelt so oft teilnehmen müssen, um fundierte Ergebnisse zu erzielen.

DESIGN

Nicht nur Medikamente sind auf Männer ausgerichtet. Wenn die Sicherheit von Autos überprüft werden soll, werden Crashtest-Dummys verwendet, die dem menschlichen Körper entsprechen sollen. Allerdings wurde bis vor Kurzem ein Dummy mit der Größe von 1,77 Meter und dem Gewicht von 76 Kilogramm dafür verwendet; also ein Dummy, der der männlichen Durchschnittsgröße entspricht. Dies führt dazu, dass bei Frauen ein zu 47 % höheres Risiko besteht, schwer verletzt zu werden, und das Risiko des Todes ist um 17 % höher.

Da Frauen meist kleiner und leichter sind, fängt die Kopfstütze den Aufprall schwerer ab, der Anschnallgurt berücksichtigt Brüste und einen Schwangerschaftsbauch nicht. Und da man als Frau den Sitz meist höher und weiter nach vorn stellen muss, weicht man von der Standardposition ab und erhöht damit das Risiko innerer Verletzungen. Mittlerweile fordert ein EU-Zulassungstest den Test auch mit einem weiblich angepassten Dummy. Dieser wird aber nur auf dem Beifahrersitz verwendet und ist in seiner Form nur ein kleinerer männlicher Dummy.

Die Männergröße, die für alle Menschen gelten soll, benachteiligt Frauen nicht nur bei der Entwicklung von Autos. Selbst Klaviaturen sind auf eine durchschnittliche Männerhand zugeschnitten, sodass 87 % aller erwachsenen Pianistinnen benachteiligt sind. Dies wirkt sich auf ihre Gesundheit aus, da sie häufiger berufsbedingte Krankheiten erleiden und ein doppelt so hohes Schmerzrisiko haben. Überdies können sie höchstens unter erheblichen Schwierigkeiten die gleichen Leistungen am Klavier erbringen wie Männer.

Ein weiteres Produkt, das für Männerhände designt wird, ist das Handy. Ein durchschnittlich großer Mann kann sein Smartphone normal bedienen, während eine durchschnittlich große Frau beide Hände benötigt. Auch die Spracherkennungssoftware von Google wurde nur aus der Männerperspektive programmiert. So wird die männliche Stimme mit 70 % höherer Wahrscheinlichkeit erkannt als die einer Frau.

Dies kann sogar gefährlich werden: Spracherkennungssoftwares im Auto sollen die Fahrsicherheit erhöhen und Ablenkung verhindern. Gibt es dabei aber Probleme, weil die Software die Frauenstimme schwieriger erkennt, ist Ablenkung erst recht gegeben.

Der Vizepräsident im Bereich der Spracherkennung beim Auto-Navigationshersteller ATX Tom Schalk erklärte, Frauen sollten doch einfach ihre Stimme an das System anpassen, statt umgekehrt. Frauen die Schuld an einem Problem zuzuschieben, für das sie nicht verantwortlich sind, war schon immer leichter, als sich mit dem Kern des Problems zu befassen. Tatsächlich sind Frauenstimmen sogar besser verständlich, da sie langsamer und deutlicher sprechen und die Vokale mehr dehnen als Männer. Das hilft leider nicht, wenn die Datenbanken nur mit männlichen Stimmen gefüllt sind, auf deren Grundlage dann Softwares entwickelt werden.

Dies sind längst nicht alle Bereiche, in denen das Design eines Produkts auf Männer zugeschnitten wird. Die Bürotemperatur ist für eine durchschnittliche Frau fünf Grad zu kalt, Türen sind zu schwer, Möbel zu hoch. Diese Aufzählung ist nicht abschließend, denn viele Bereiche, in denen Frauen benachteiligt werden, sind nicht einmal bekannt. Die Ursache liegt darin, dass jahrhundertelang Männer alle Entscheidungen treffen durften und nur ihre Perspektive eingebracht haben; Frauen waren lange unsichtbar im Hintergrund. Ihr Körper und ihre Weltsicht wurde als allgemeingültige Norm behandelt und das ändert sich nur langsam.

KÖRPERPOLITIK

Überdies werden vornehmlich Frauen abwertend nach ihrem Aussehen beurteilt. Insbesondere, wenn sie selbstbestimmt und selbstbewusst auftreten, wie es häufig bei Politiker*innen, Wissenschaftler*innen oder Führungskräften der Fall ist, wird ihr Outfit kommentiert oder ihr Körper beleidigt. Man will ihnen damit den Platz absprechen, sie delegitimieren und zeigen, dass man sie nicht mit Respekt betrachtet.

Übergewichtige Frauen werden dabei deutlich geringschätziger behandelt als schlanke Frauen. Aussehen war schon immer wichtig und attraktive Frauen wurden von jeher besser behandelt und als sympathischer angesehen. Die heutigen Ausmaße sind jedoch nie dagewesen. Frauen lernen, dass sie schön sein müssen, um wertvoll zu sein, was in sozialer, medizinischer und moralischer Hinsicht bedenklich ist.

Eine große Rolle spielen die Medien, die das perfekte Körperbild einer Frau verbreiten und als unbedingtes Ideal darstellen. In 5000 Werbeanzeigen täglich wird Frauen vermittelt, dass sie Männern gefallen und ein Sexobjekt sein sollen. Die Kosmetik- und Modeindustrie unterstützt das, jegliche Makel an den Körpern von Models werden retuschiert, der Körper mit Photoshop bearbeitet. Diätprogramme und Proteinshakes sind so erfolgreich wie nie. Weibliche Superheldinnen tragen knappe Outfits und viel Make-up und die klassische Barbie, die vielen Mädchen als Vorbild dient, wäre aufgrund ihrer unrealistischen Körperform nicht einmal lebensfähig.

Es gibt Sendungen wie „Germany's Next Topmodel", während der sich halb Deutschland über die Modelversuche von Frauen lustig macht. Bei Flugbegleiterinnen sind ein bestimmtes Make-up und hohe Schuhe vorgeschrieben. Und Produkte oder Dienstleistungen wie Rasierer und Friseurbesuche, die mit dem Aussehen zu tun haben, sind für Frauen teurer als für Männer. Überall werden Frauen damit konfrontiert, wie sie aussehen sollen. Das Selbstwertgefühl bestimmt sich durch die Bewertung ihres Körpers noch mehr als bei Männern, denn Frauen waren schon immer mehr das Ziel ästhetischer Darstellung als Männer. Dies führt zu

Depressionen, Schönheitsoperationen und einem Anstieg der Essstörungen.

GEWALT

Obendrein sind Frauen überdurchschnittlich stark von Gewalt betroffen; in Bezug auf häusliche Gewalt sind sie zu 81 % das Opfer. Gewalt findet häufig im engeren Umfeld statt, alle 45 Minuten wird eine Frau durch ihren Partner Opfer von Körperverletzung. Dabei wird laut einer EU-Studie nur jeder dritte Fall häuslicher Gewalt angezeigt. Sexuelle Gewalt ist die häufigste Form der Gewalt gegen Frauen; 30 % aller Frauen in Europa sind oder waren davon betroffen. Von 15 Millionen Mädchen, die weltweit im Alter von 15 bis 19 Jahren bereits sexuelle Gewalt erfahren haben, erlebten neun Millionen dies innerhalb des letzten Jahres.

Und überraschenderweise ist der Täter in jedem vierten Fall der eigene ehemalige oder aktuelle Partner. Bei Vergewaltigungen, sexueller Nötigung und sexuellen Übergriffen in einer Partnerschaft ist die Frau zu über 98 % das Opfer, bei Stalking, Bedrohung oder Körperverletzung ist sie es zu 89 %, bei Körperverletzung zu 79,5 % und bei Tötungsdelikten zu 76,4 %. Täglich versucht ein Mann, seine jetzige oder vorherige Partnerin zu töten, und jeden dritten Tag gelingt das auch. Allerdings ist das weitestgehend ein Tabuthema; in den Medien ist dann oft von „Familientragödie" oder „Eifersuchtsdrama" die Rede. Dies führt dazu, dass diese sogenannten Femizide als Einzelfall und nicht als gesamtgesellschaftliches Phänomen betrachtet werden. Die emotionale Lage kann sich hierbei sogar strafmildernd auswirken.

Tatsächlich beeinflusst die Gewalt, die man als Kind erlebt, maßgeblich das Erwachsenenleben. Wurde man von den Eltern misshandelt, ist es dreimal so wahrscheinlich wie bei Kindern ohne solche Erfahrungen, dass sie als Erwachsene auch Gewalt durch den Partner erleben. Obendrein wurden 75 % aller Frauen mindestens einmal in ihrem Leben sexuell belästigt. Der Ort der Belästigung variiert; sie findet statt im Internet, zu Hause, auf der Arbeit, draußen, in der Freizeit.

Dabei geschieht dies keinesfalls nur in sozial schwachen Schichten oder nur in einigen Altersgruppen, sondern überall gleichermaßen. Belästigung wird als demütigend und Furcht einflößend empfunden. Oftmals müssen sich die Opfer sexueller Übergriffe sogar rechtfertigen, als ob sie in irgendeiner Art und

Weise schuld daran wären. Ein sexueller Übergriff wird häufig mit der Kleidung des Opfers gerechtfertigt, so als würde man Belästigung herausfordern und der*die Täter*in könne sich nicht zurückhalten, wenn man ein kurzes Kleid trage. Dabei spielt die Kleidung kaum eine Rolle, denn die Straftaten gegen die sexuelle Selbstbestimmung sinken im Winter, wenn alle warme Kleidung tragen, nicht ab.

Eine Ursache für sexuelle Übergriffe liegt vielmehr in einem Dominanz- und Machtverhalten. Die Täter*innen wollen das Gegenüber beherrschen und sich sexuell zu eigen machen. Ein weiterer Grund ist der Wille, sexuelle Aggression gegenüber einer Frau auszuleben, um sich am ganzen weiblichen Geschlecht zu rächen, das angeblich für sämtliche Unglücke im Leben des*der Täter*in verantwortlich sind. Bei den meisten Täter*innen ist der eigene Selbstwert sehr niedrig, sie haben keinen Respekt, manche sind sogar sadistisch.

Auch die Täter*innen sexueller Belästigung, die sich durch beispielsweise anzügliche Bemerkungen, der Aufforderung zu sexuellen Handlungen oder das Versenden von sexistischen oder pornografischen Fotos äußert, zeigen ähnliche Charakterzüge. Es geht wieder um das Demonstrieren von Macht, die Herabwürdigung der anderen Person und Respektlosigkeit.

Lange wurden solche Straftaten nicht ernst genommen, totgeschwiegen und als Kleinigkeit abgetan.

Doch es zeigt sich ein Wandel: Es werden Kampagnen zur Aufklärung eingerichtet. Statt „Beschütze deine Tochter" heißt es nun „Erziehe deinen Sohn". Es wird vermehrt dazu aufgerufen, schon vermeintlich kleine Belästigungen bei der Polizei anzuzeigen, um zu verdeutlichen, dass ein solches Handeln Konsequenzen hat und nicht mehr still hingenommen wird. Die MeToo-Debatte im Oktober 2017 ging dabei um die ganze Welt. Der Hashtag #MeToo wurde im Zuge des Harvey-Weinstein-Skandals in den sozialen Netzwerken verwendet, um auf die Dimension sexueller Belästigung und sexueller Übergriffe aufmerksam zu machen.

Harvey Weinstein, der einflussreichste Filmproduzent Hollywoods, hatte seine Macht genutzt, um unzählige Frauen sexuell zu belästigen, zu missbrauchen, zu nötigen oder zu vergewaltigen. Zu den betroffenen Frauen zählen seine Angestellten, Kolleginnen und Schauspielerinnen wie Cara Delevingne, Angelina Jolie, Salma Hayek und Gwyneth Paltrow. Nachdem die beiden Journalistinnen Jodi Kantor und Megan Twohey von der New York Times über das Verhalten Weinsteins berichtet hatten, wurde eine

Kettenreaktion ausgelöst und immer mehr prominente Frauen berichteten von ihren Erfahrungen mit sexuellen Übergriffen durch Harvey Weinstein.

Dabei wurde bekannt, dass viele Personen aus seinem Umfeld davon wussten, wie beispielsweise der gesamte Vorstand der Weinstein Company sowie der Schauspieler Ben Affleck, und das Thema dennoch totschwiegen. Anschließend begann eine öffentliche Diskussion über das vorsätzliche Ignorieren von sexuell aggressivem Verhalten und Belästigungen und Harvey Weinstein wurde am 11. März 2020 zu 23 Jahren Haft verurteilt.

Der Hashtag MeToo wurde jedoch nicht nur in Bezug auf Weinstein verwendet; die Modedesignerin und Produzentin Alyssa Milano rief auf Twitter dazu auf, unter dem #MeToo von eigenen Erfahrungen mit sexueller Gewalt und Belästigung zu berichten. Am Folgetag des Aufrufs hatte der Hashtag bereits eine halbe Million Tweets. Um härter gegen sexuelle Belästigung vorzugehen, wurde sogar extra die Seite „Dickstinction.com" eingerichtet, auf der man unkompliziert ein „Dickpic" (das Foto eines nackten Genitals, das jemand einem geschickt hat) anzeigen konnte. Obendrein wird darüber diskutiert, Catcalling als Straftatbestand in das Strafgesetzbuch aufzunehmen. Catcalling beschreibt das anzügliche Hinterherrufen und -pfeifen, ist in Frankreich und ein paar weiteren Ländern bereits ein Straftatbestand und wird in Deutschland lediglich in einigen Fällen als Beleidigung gewertet.

SPRACHE

Dass der Mann als Norm gilt, zeigt sich weiterhin in der Sprache. Sprechen wir von einer geschlechtsgemischten Gruppe, benutzen wir nur die männliche Pluralform: die Ärzte, die Lehrer, die Schüler und so weiter. Diese Form nennt man das generische Maskulinum. Generisch bedeutet, dass das Wort ein allgemeingültiger Oberbegriff ist.

Bei dieser Sprechweise nutzen wir den Mann als Norm und machen die Frau unsichtbar. Stattdessen sollen sie sich einfach auch gemeint fühlen. In der Realität stellen wir fest, dass dem nicht so ist. Mädchen und Frauen fühlen sich von der männlichen Form weder angesprochen noch gemeint. Und schon bei Schulkindern wurde festgestellt, dass sie sich beim generischen Maskulinum einer Gruppe nur männliche Personen vorstellen. Alternativ setzt sich insbesondere bei Medien und in Universitäten die gendergerechte Sprache durch, bei der man Ärzt*innen, Lehrer*innen,

Schüler*innen etc. mit Stern nach dem Wortstamm schreibt. Damit werden sowohl die männliche als auch die weibliche Form gekennzeichnet und der Stern in der Mitte deutet auf alle weiteren Geschlechter hin, die weder männlich noch weiblich sind. Anstelle des Sterns können auch ein Doppelpunkt, das Binnen-I, ein Schrägstrich oder eine geschlechtsneutrale Formulierung (zum Beispiel „die Lehrkräfte") zum Gendern verwendet werden, um auch nicht-binäre Personen anzusprechen.

Wo das Sonderzeichen steht, wird beim Sprechen eine kurze Lücke gelassen. Auf diese Weise werden alle Geschlechter inkludiert und präsent. Dies zeigt Wirkung: In einer Schulklasse, in der gegendert wurde, trauten sich signifikant mehr Mädchen, männerdominierte Berufe zu ergreifen und vom stereotypen Rollenbild abzuweichen. Und wenn in Stellenausschreibungen gegendert wurde, bewarb sich eine deutlich höhere Anzahl an Frauen. Das generische Maskulinum sorgt zwar nicht allein für das Denken an alle Geschlechter, wirkt aber unterstützend, wie der Sprachwissenschaftler Josef Klein herausfand. Kritiker befinden, dass das Gendern den Lesefluss stört. Allerdings haben Studien gezeigt, dass bei konsequentem

Gendern eine Gewöhnung an die neue Schreib- und Sprechweise schnell möglich ist.

IST FEMINISMUS AUCH FÜR MÄNNER?

Wie Sie feststellen konnten, ist Feminismus noch längst nicht am Ziel. Unterdessen nimmt weltweit der Antifeminismus zu; viele Männer fürchten sich vor drohenden Veränderungen und sehen ihre Privilegien gefährdet. Zudem wird Feminismus häufig mit Männerhass gleichgesetzt, obwohl er lediglich die Bevorzugung von Männern kritisiert.

Die erhöhte Präsenz von Frauen löst oftmals einen Widerwillen aus, sodass insbesondere im Internet systematische frauenfeindliche Stimmungsmache betrieben wird. Dabei setzt sich Feminismus nicht nur für Frauen ein, sondern stellt sich gegen die Benachteiligung sämtlicher Geschlechter. Kaum ein Mann würde wohl ein Leben wollen, das von Machtspielchen, Benachteiligung und Unterdrückung geprägt ist. Schließlich leiden auch Männer unter den festgefahrenen Rollenklischees: Es ist gesellschaftlich kaum anerkannt, dass Männer „Momente der Schwäche" zeigen. Wir alle kennen Sprüche wie „Sei mal ein Mann", „ein

Indianerherz kennt keinen Schmerz" oder Beleidigungen wie „du Mädchen", um den Ausdruck von Gefühlen, Fürsorglichkeit oder Zärtlichkeit zu kritisieren.

Das verbreitete Bild, dass Männer immer tapfer und stark sein müssten, nennt sich toxische Maskulinität. Es führt dazu, dass Männer sich seltener Hilfe holen, um keine Blöße zu zeigen. In vielen Studien hat sich gezeigt, dass das Risiko zur Entwicklung einer Depression umso höher ist, je stärker an klassischen Männlichkeitsnormen festgehalten wird. Der Anteil an registrierten psychischen Krankheiten ist bei Frauen höher als bei Männern, jedoch begehen Männer deutlich häufiger Selbstmord. Der Männeranteil bei Suizid lag im Jahr 2019 laut dem Statistischen Bundesamt bei etwa 76 %.

Die Hauptursache für Selbstmord sind Depressionen; über 70 % der Suizident*innen litten vorher an dieser Krankheit. Selbst wenn Männer sich rechtzeitig Hilfe holen wollen, werden Depressionen bei ihnen weitaus seltener anerkannt, da es im öffentlichen Bewusstsein immer noch als „Frauenkrankheit" gilt. Wegen dieses Denkens wurde bisher weniger an Depressionen bei Männern geforscht. Mittlerweile weiß man, dass Depressionen sich bei Männern anders äußern als bei Frauen: Es treten häufiger eine gesteigerte

Aggressivität und Suchtverhalten auf. Aufgrund mangelhafter Forschung und dadurch falschen Diagnosen liegt die Dunkelziffer an depressiven Männern daher deutlich höher als bisher angenommen. Nicht nur im Bereich psychischer Krankheiten holen Männer sich seltener Hilfe; sie konsultieren generell seltener medizinische Hilfe und lösen Probleme häufiger mit Gewalt, was zu den oben dargestellten häufigen Gewalttaten gegen Frauen führt.

Des Weiteren werden Männer laut einer Pilotstudie des Bundesministeriums für Familie, Senioren, Frauen und Jugend aus dem Jahr 2004 häufiger Opfer körperlicher Gewalt durch andere Männer; das Gegenüber ist in 90 % aller Fälle männlich. Ebenso wie im Bereich häuslicher Gewalt wird dies häufig nicht ernst genommen oder totgeschwiegen, sodass die genaue Zahl an Vorkommnissen und Opfern unklar ist.

Auch als Erzieher haben Männer es schwer. In über zwei Dritteln aller Kitas gibt es keinen einzigen Erzieher; dies ist noch ein frauendominierter Beruf. Entscheidet sich ein Mann dazu, als Erzieher zu arbeiten, fällt er dementsprechend auf und wird schnell unter Generalverdacht gestellt, die Kinder sexuell missbrauchen zu wollen. Aufgrund des traditionellen Rollenbildes finden viele Menschen es ungewöhnlich, wenn ein Mann sich beruflich mit Kindern beschäftigen und sie erziehen will, und unterstellen ihnen ohne jegliche Anhaltspunkte Pädophilie. Früher durften Männer in der Ausbildung daher nicht einmal Kinder wickeln. Und das, obwohl männliche Erzieher nachweislich ein männliches Vorbild für Kinder darstellen können, fachlich genauso qualifiziert sind wie Frauen und es in der Branche bereits einen Fachkräftemangel gibt. Um die gesellschaftliche Akzeptanz zu verbessern, werden mittlerweile Anzeigenkampagnen geschaltet, der Quereinstieg in den Beruf ermöglichen und Erzieher können sich in Onlineforen vernetzen.

Nachteile ergeben sich für Männer auch in Bezug auf das Schulsystem. Mädchen werden tendenziell besser bewertet als Jungen, da sie häufig stiller sind, den Lehrkräften gefallen wollen und eine schönere Schrift haben. Lehrkräfte können häufig nicht mit den pubertären Schüler*innen umgehen; bei Jungen äußert sich die Pubertät anders als bei Mädchen und wird weniger verstanden. Hinzu kommt, dass Mädchen bei der Notenvergabe besser die Lehrkraft zu einer Anhebung der Note überzeugen können, da sie tendenziell häufiger weinen.

Sogar im Familienrecht erfahren Männer öfter Diskriminierung als Frauen. Bis 2013 konnte ein Vater, der nicht mit der Mutter des Kindes verheiratet war, nicht gegen den Willen der Mutter das Sorgerecht bekommen. Doch das ist nicht der einzige Punkt im Gesetz, der bis vor Kurzem Männer diskriminierte: Unabhängig davon, dass mittlerweile eine Wehrpflicht umstritten ist, bestand bis 2011 eine gesetzliche Pflicht nur für jeden männlichen Bürger zur Ableistung vom Wehrdienst.

Seither ist die Wehrpflicht zwar ausgesetzt, aber nicht vollends abgeschafft. Im Kriegsfall müssten somit nur die Männer zum Wehrdienst, die Frauen nicht. Dies verstößt gegen den Gleichbehandlungsgrundsatz aus Art. 3 des Grundgesetzes. Vom Bundesverfassungsgericht wurde dennoch entschieden, dass die Wehrpflicht nicht ungültig sei, da der Gesetzgeber die „Männer-Wehrpflicht" nachträglich ins Gesetz aufnahm, sodass ein vorrangiges Spezialgesetz gegenüber Art. 3 geschaffen wurde. Diese Begründung ist allerdings zweifelhaft.

Als Argument wird häufig angeführt, dass Frauen aufgrund physiologischer und biologischer Unterschiede im Durchschnitt für den Militärdienst als weniger gut geeignet erachtet werden als der Durchschnitt der Männer. Dies vermag nicht zu überzeugen, da es zum einen bei der Bundeswehr mehr als genug

Aufgaben gibt, die auch von körperlich schwächeren Personen erledigt werden können, und zum anderen ein geschlechtsneutrales Kriterium geschaffen werden müsste.

Schließlich können Frauen auch stärker sein als Männer, sodass eine Pauschalisierung unsinnig erscheint. Ein weiteres beliebtes Argument lautet, dass Frauen einen ähnlichen Teil ihrer Lebenszeit beim Kindergebären und Aufziehen oder der Pflege von Angehörigen opfern. Auch dies ist fragwürdig, da keine Gebärpflicht für Frauen besteht, ohnehin immer weniger Kinder geboren werden und eher gefördert werden sollte, dass Männer sich an der Care-Arbeit und Elternzeit beteiligen. Dennoch ist die Regelung weiterhin vom klischeehaften Rollenbild geprägt.

Studien zeigen, dass es auch Männern in einer gleichberechtigten, gleichgestellten Welt besser geht. Viele Männer handeln bereits feministisch, ohne es zu merken. Vielleicht haben auch Sie den Feminismus bereits unterstützt, indem Sie beispielsweise einer Frau geholfen haben, die sexuell belästigt wurde, oder indem Sie nach dem letzten Bewerbungsgespräch einer Frau das gleiche Gehalt wie männlichen Kollegen zugestehen wollten. Auch, wenn Sie gängige Geschlechterbilder hinterfragen, ihre Freund*innen für sexistisches Gedankengut kritisiert haben oder Ihren Sohn mit Puppen spielen ließen, haben Sie bereits zum Feminismus beigetragen. Am meisten erreichen wir, wenn wir uns zusammenschließen und miteinander gegen die Ungerechtigkeit in der Welt kämpfen, und zwar unabhängig vom Geschlecht.

Was kann ich für den Feminismus tun?

Sie haben nun erfahren, was Feminismus ist, welche Richtungen es gibt, was er erreichen will und warum er wichtig ist. Leider begreifen laut der Ipsos-Global-Advisor-Studie nur 28 % der deutschen Frauen sich als feministisch und nur jeder fünfte Mann.

Deutschland belegt damit im Vergleich zu 27 anderen Ländern den viertletzten Platz. Allerdings sollten wir alle den Feminismus als Chance sehen, die geschlechtsbegründete Benachteiligung aufzuheben, um eine Gesellschaft ohne derartige Differenzen zu schaffen. Wie auch Sie feministisch werden, erfahren Sie in den folgenden Schritten.

1. Informieren Sie sich!

Versuchen Sie, so viel wie möglich über Feminismus und Sexismus zu lernen und darüber, wie diese sich in unserer Welt äußern und diese verändern. Sie können Bücher zu dem Thema lesen, Dokumentationen und Reportagen sehen oder Podcasts und Hörbücher hören. Außerdem können Sie sich im Bekanntenkreis erkundigen und über das Thema austauschen. So werden Sie sensibler für Diskriminierung jeglicher Art und können herausfinden, wie auch Sie sich unterbewusst durch die verinnerlichten Rollenbilder beeinflussen lassen. Dies ist der erste Schritt, um Diskriminierung entgegenwirken zu können.

2. Bilden Sie eine eigene Meinung und vertreten Sie diese!

Sobald Sie genügend Informationen über Feminismus zusammentragen konnten, sind Sie dazu in der Lage, eine fundierte und sachliche Meinung zu bilden. Hinterfragen Sie Ihre bisherigen Ansichten und denken Sie selbst nach, anstatt vorgefertigte und verbreitete Ansichten anzunehmen, und treffen Sie eigene Entscheidungen. Überlegen Sie, wie Sie zu einem bestimmten Thema stehen, und diskutieren Sie darüber.

Ihre Meinung ist wichtig und verdient es, gehört zu werden! Schon wenn Sie eine*n Bekannten, ein Familienmitglied oder eine*n Freund*in von der Wichtigkeit des Feminismus überzeugen können, haben Sie einen wertvollen Beitrag geleistet. Sie können auch aktiv werden und sich politisch engagieren oder an Demonstrationen teilnehmen, um Ihre Meinung zu äußern.

3. Hinterfragen Sie sich!

Das eigene Denken und Verhalten zu hinterfragen, kann unangenehm und unbequem sein. Möglicherweise stellen Sie fest, dass Sie sich unbewusst sexistisch verhalten haben. Vielleicht halten Sie grundsätzlich Ihre Meinung für wichtiger als die von Frauen, äußern sich öfter abfällig über Frauen, nutzen sexistische Beleidigungen oder neigen zum Mansplaining, bei dem Sie pauschal davon ausgehen, mehr über ein Thema zu wissen als Ihr weibliches Gegenüber. Einsicht ist jedoch der erste Schritt zur Besserung! Haben Sie bemerkt, dass Sie unbewusst klischeebehaftete

Rollenbilder oder diskriminierende Denkmuster verinnerlicht haben, können Sie auch dagegen vorgehen und es in Zukunft besser machen.

4. Geben Sie sich als feministisch zu erkennen!

Der Begriff Feminist*in ist immer noch negativ konnotiert und wird häufig mit Männerhass gleichgesetzt. Zeigen Sie, dass er das nicht ist, indem Sie sich als feministisch zu erkennen geben. So normalisieren Sie den Begriff und tragen dazu bei, die Stigmatisierung aufzuheben. Schließlich leiden alle Geschlechter unter den patriarchalen Strukturen und nicht nur die Frauen.

5. Zeigen Sie Zivilcourage!

Es gibt viele Situationen, in denen man Mut beweisen und für sich oder andere Menschen einstehen muss. Zögern Sie nicht, sich aus Ihrer Komfortzone zu begeben und gegen Sexismus vorzugehen. Dieser begegnet uns allen schon im Alltag, wenn Männern beispielsweise gesagt wird „Sei mal ein Mann!" und Frauen wegen kurzer Kleidung als „Schlampe" beleidigt werden.

Oder wenn eine Frau zum Protokollieren oder Kaffee-Holen verdonnert wird, obwohl sie die gleiche Qualifikation hat wie ihre männlichen Kollegen. Zusätzlich erleben viele Frauen täglich sexuelle

Belästigung, sei es am Arbeitsplatz, in der Bahn oder sogar im Freundeskreis. Gehen Sie dagegen vor und zeigen Sie, dass Sie ein solches Verhalten nicht tolerieren und dass es keineswegs als normal und akzeptabel angesehen werden sollte. So unterstützen Sie alle, die davon betroffen sind, und können ein Umdenken in Ihrem Umfeld anstoßen. Schließlich geht es nicht um einen Kampf zwischen den Geschlechtern, sondern dem sozial geprägten Bild in der Gesellschaft.

6. Hören Sie Betroffenen zu!

Am besten verstehen Sie andere Perspektiven, wenn Sie Betroffenen zuhören, die ihre Erfahrungen mit Sexismus teilen. Vieles fällt Ihnen als nicht betroffene Person wahrscheinlich gar nicht auf und Sie haben aufgrund dessen eine andere Denkweise. Auf der Grundlage von Erfahrungen anderer Menschen können Sie dann Ihre Meinung entwickeln und sensibler auf Diskriminierung reagieren.

7. Beschäftigen Sie sich mit Werken von Frauen!

Frauen sind in der Literatur, der Musik- und Filmbranche immer noch unterrepräsentiert. Ihre Werke werden als weniger wichtig und weniger wert als die von Männern wahrgenommen, ohne dass es irgendwelche

Anhaltspunkte dafür gäbe. Schauen Sie daher nach Büchern, Filmen, Kunstwerken oder Musikstücken von Frauen und setzen Sie sich damit auseinander. So sorgen Sie dafür, dass Frauen auch in Ihrem Denken präsenter und sichtbarer werden.

8. Fördern Sie geschlechtsneutrale Denkmuster bei Ihren Kindern!

Kinder werden bereits im jungen Alter von gesellschaftlichen Einflüssen geprägt. Jungs mögen blau, Mädchen mögen rosa. Jungs mögen Superhelden und spielen mit Autos, Mädchen mögen Prinzessinnen und spielen mit Puppen. Jungs werden Ärzte, Mädchen werden Krankenschwester. Jungs dürfen laut und dominant sein, Mädchen leise und zurückhaltend. Dies sind typische Rollenbilder, die immer noch verinnerlicht und gefördert werden.

Dieses Denken zieht sich durch das ganze Leben und kann nur schwer entfernt werden. Es schlägt sich auch im Verhalten als erwachsene Person durch und kann erhebliche Nachteile bieten. Sollten Sie eigene Kinder haben, bemühen Sie sich um eine geschlechtsneutrale Erziehung, um diesen Nachteilen entgegenzuwirken. Nutzen Sie Ihre Vorbildfunktion! Dadurch sorgen Sie für ein kritisches Hinterfragen der festgefahrenen Geschlechterrollen und können die unabhängige, selbstbestimmte Entwicklung Ihrer Kinder fördern.

72

festgefahrenen Geschlechterrollen und können die unabhängige, selbstbestimmte Entwicklung Ihrer Kinder fördern.

Herstellung und Verlag:

BoD – Books on Demand, Norderstedt

ISBN: 9783754312193

© Lena Hafermann 2021

1. Auflage

Kontakt: Psiana eCom UG/ Berumer Str. 44/ 26844 Jemgum

Covergestaltung: Fenna Larsson

Coverfoto: depositphotos.com